GETTING BY
IN
PORTUGUESE

**A quick beginners' course for
holidaymakers and business people**

Course writer: Penny Newman
Language consultant: Manuela Cook
Producer: Christopher Stone

**BARRON'S
New York/London/Toronto/Sydney**

By arrangement with the British Broadcasting Corporation

First U.S. Edition published in 1982 by Barron's Educational Series, Inc.

By arrangement with the British Broadcasting Corporation, 35 Marylebone High Street, London W1M 4AA.

English version © The British Broadcasting Corporation and the 1982 Contributors.

All rights reserved.
No part of this book may be reproduced in any form, by photostat, microfilm, xerography, or any other means, or incorporated into any information retrieval system, electronic or mechanical, without the written permission of the copyright owner.

All inquiries should be addressed to:
Barron's Educational Series, Inc.
250 Wireless Boulevard
Hauppauge, New York 11788

International Standard Book No. 0-8120-2594-6

PRINTED IN THE UNITED STATES OF AMERICA

890   550   98765432

Contents

The course . . .	**and how to use it** 5	
Chapter 1	**Meeting people** 7	
	Helloes and goodbyes 7	
	Giving your order to the waiter 8	
	Less formal helloes and goodbyes 8	
	How are you? 8	
	In the café 8	
	Making sure you've understood 9	
Chapter 2	**Finding somewhere to stay** 15	
	Booking into a hotel 15	
	Asking how much 17	
	Getting a place at a camp site 17	
Chapter 3	**Getting around** 24	
	Asking the way . . . to a camp site, the castle, a chemist's 24	
	Taking a taxi 25	
	Catching a train 25	
	Hiring a car and putting petrol in 26	
Chapter 4	**Eating out** 33	
	Finding out when things happen 33	
	Ordering a meal – starters, main course, wine and dessert 34	
	Being introduced 35	
Chapter 5	**Going shopping** 43	
	Buying food for self catering . . . sugar, wine, ham, sausages, butter and meat 43	
	Buying a remedy for stomachache 44	
	Buying a souvenir 44	
	Buying postcards and stamps 45	
	Changing money 45	

Can you 'get by'? Test 54

Reference Section 58

Emergency 80

The course... and how to use it

Get by in Portuguese is a five-programme radio course for anyone planning a visit to a Portuguese-speaking country. It provides, in a short learning period, a basic 'survival kit' for some of the situations typical of a visit abroad.

The programmes

- [ ] are based on real-life conversations specially recorded in Lisbon (**Lisboa** in Portuguese), so that you'll get used to hearing everyday Portuguese right from the start
- [ ] give you plenty of opportunities to practise saying new words and phrases to help you develop a good accent
- [ ] concentrate on the language you'll need in particular situations, such as finding somewhere to stay, eating out, shopping, etc
- [ ] help you to pick out the essential information in the Portuguese you hear, so you can follow the sense of what's said to you, even if you don't understand every word

The book includes . . .

- [ ] the key words and phrases for each programme
- [ ] the texts of the conversations in the order you'll hear them in the programmes
- [ ] brief language explanations
- [ ] useful background information about Portugal

- [ ] self-checking exercises to do after each programme, and a short test at the end on the whole course
- [ ] a reference section containing a pronunciation guide, extra language notes, useful addresses, the key to the exercises and a vocabulary
- [ ] *Emergency!* – at the very end of the book with words and phrases for use in emergencies

The two cassettes contain the radio programmes in slightly shortened form and allow you to study at your own pace.

To make the most of the course

The way you use the course will depend on you and on whether you're using the cassettes or the radio programmes, or both. Here are a few ideas:

- [ ] Some people find it easier to get used to the sounds of the language by listening to the programmes without looking at the book.
- [ ] Repeat aloud, confidently and clearly, everything you are asked to say; this will help you to remember the words and expressions, and also to develop a good accent.
- [ ] After the programme, work through the explanations and exercises in the book, and read the conversations aloud – with a friend, if possible. It's a good idea to record your own voice, to check your pronunciation. If you have the cassettes, listen to the programme again, stopping the tape if the pauses for your answer seem too short at first. Before listening to the next programme, read through the next chapter.
- [ ] You'll probably find you make better progress if you practise regularly for short periods.
- [ ] When you go to a Portuguese-speaking country, take this book and a good pocket dictionary.

Boa sorte ... e boa viagem!

1 Meeting people

Key words

Good morning Hello	**Bom dia Olá!**
Good afternoon/evening	**Boa tarde**
Good evening/night	**Boa noite**
Goodbye *(informally)*	**Adeus**
How are you?	**Como está?**
Fine, thank you	**Bem, obrigado/a**
Yes/no, thank you	**Sim/não, obrigado/a**
What would you like?	**Que deseja(m)?**
A white coffee and a cake	**Um café com leite e um bolo**
Slower, please	**Mais devagar, se faz favor**
Excuse me, do you speak English?	**Desculpe, fala inglês?**

Conversations

These can be heard in the programmes and on the cassettes. New words can be found in the Portuguese–English word list (page 73).

Helloes and goodbyes

Man 1	Bom dia.
Man 2	Bom dia.
Woman	Bom dia.
Man	Bom dia.
Man 1	Boa tarde.
Man 2	Boa tarde.
Woman	Olá, como está?
Man	Olá.
Woman	Adeus.
Man	Adeus.

sete 7

Man 1	Boa noite.
Man 2	Boa noite.
Woman 1	Até logo.
Woman 2	Até logo.

Giving your order to the waiter

Waiter	Que deseja?
Customer	A lista, se faz favor . . . uma sopa de legumes, bacalhau à brás e uma salada simples.
Waiter	. . . Para sobremesa?
Customer	Um pudim e um café.

a lista *the menu*
legumes *vegetables*
bacalhau à brás *cod cooked with onions and potato in egg*

Less formal helloes and goodbyes

Paulo	Olá, José Maria.
José Maria	Olá, Paulo.
Man 1	Adeus, até logo.
Man 2	Até logo.
Man 3	Até logo.

How are you?

Woman 1	Como está?
Woman 2	Bem, obrigada.
Man	Bem, obrigado.

Accepting and refusing . . . a coffee

Woman 1	Quer um café?
Woman 2	Sim, obrigada.
Man	Não, obrigado.

Ordering coffee and cakes

| Waiter | Que desejam? |
| Customer | Dois cafés, um galão e três bolos. |

um galão *a milky coffee served in a glass*

Making sure you've caught what's been said

Man 1	Pode repetir mais devagar, se faz favor?
Man 2	Mais devagar, se faz favor.

pode repetir? *will you say that again?*
mais devagar *slower*

Does the assistant speak English?

Customer	Desculpe, fala inglês?
Assistant	Lamento, mas não falo inglês.
Customer	Obrigada.

lamento *I'm sorry*

Making sure your order's understood!

Waiter	Bom dia. Fazem favor? O que desejam?
Customer	Um chá e dois cafés.
Waiter	Dois chás e um café?
Customer	Não, um chá e dois cafés.
Waiter	Ah, sim, muito bem.

fazem favor? *can I help you?*

Explanations

Saying hello and goodbye

bom dia literally 'good day' – used like the English 'good morning'

boa tarde 'good afternoon' – used after lunch and until it begins to get dark (then use **boa noite**, 'goodnight')

bom dia, **boa tarde** and **boa noite** are also used for 'goodbye' at the appropriate time of day

olá – a casual way to say 'hello' between friends at any time of day

adeus – a friendly way to say 'goodbye', any time

até logo 'see you soon' – usually when you expect to see someone again the same day

até à próxima 'until next time' – if you're not sure when you'll be meeting again

Being polite

se faz favor, faz favor, por favor – all mean 'please'

obrigado is 'thank you' if you're a man. If you're a woman, the ending changes and it's **obrigada** (see the section on 'Masculine and Feminine' on page 19): **não, obrigado/a** is 'no, thanks': 'yes, please' in Portuguese is either **sim, se faz favor** or **sim, obrigado/a**.

When you're asked (or you ask) **como está?** 'how are you?', the reply is **bem, obrigado/a** 'fine, thank you'.

What waiters, shopkeepers, etc will ask you

In most cases it will be clear that they're ready to serve you but listen out for these three key expressions (or variations on them) **que deseja?**, **quer . . . ?** and **faz favor?**

mais nada? is one way of asking, 'anything else?'

Numbers

0	zero	4	quatro	8	oito
1	um/uma	5	cinco	9	nove
2	dois/duas	6	seis	10	dez
3	três	7	sete		

Plurals

When you're talking about more than one thing, there's a change in the word ending and nearly always it means adding an -s.

um café but **dois café*s***
um bolo but **três bolo*s***
um chá but **quatro chá*s***

Exercises

1 Fill in these gaps with the appropriate words in Portuguese.

a You've just bumped into your friend Maria Clara in the street. Say hello to her and ask her how she is ....

b You're meeting a business colleague for dinner at 9 pm. How would you say good evening?

....

c You come down to breakfast in your hotel. Say good morning to the waiter ....

d You're saying goodbye to a Portuguese friend, Paulo — until next time! ....

e It's 3 pm and you've gone into a shop to buy postcards. Say good afternoon to the shopkeeper.

....

f Say goodbye to Odete, another Portuguese friend — you'll be seeing her later in the evening.

....

g You've just managed to catch the shop before it closes for lunch. How do you say goodbye to the shopkeeper? ....

2 You've gone to a café with a large group of friends — you're the only one who can 'get by' in Portuguese. You'll have to do all the ordering. Ask the waiter for four black coffees and one white coffee in a glass ....
....
Oh, and three teas with milk ....
....
And seven cakes ....

3 Practise saying these words and numbers several times out loud. Concentrate particularly on the **ão** and **im** sounds and on the sounds of the **s** and **z**. (See Pronunciation section, page 58)
nã**o** li**s**ta trê**s** fa**z** favor **s**im de**z** galã**o s**ei**s**

4 You've met your friend Paulo at a café; answer his questions:

a Como está? *(You're fine)* ....
b Quer um chá? *(Yes, please)* ....
....

c   Chá com leite? *(No, thank you)* ....
....

d   Quer um bolo? *(You didn't catch that — ask him to say it more slowly, then say no, thank you)*
....

e   *Drink over, say goodbye and see you later in the day* ....

Worth knowing

Where to get a drink and a snack

A Portuguese bar (**um bar**) will serve soft drinks and coffee, tea, etc as well as alcoholic drinks You can drink standing at the bar or sitting at a table, in which case the price will be higher. It's more expensive still if you're served at a table on the terrace. Even though service is normally included (**serviço incluído**), many people still tend to leave a few *escudos* for the waiter.

um café-bar **um snack-bar**	serve hot and cold drinks and snacks
uma pastelaria	cake shop, usually offering tea, coffee and other drinks
um salão de chá	tea shop
um café	sells cakes and sandwiches to eat there or take away — also alcoholic drinks

Drinks and snacks

coffee
: **um café** *black coffee*
  um café com leite *white coffee*
  um café gelado *iced coffee*
  uma bica *small black coffee*
  um galão *large milky coffee, served in a glass*
  um carioca *weak black coffee*
  um garoto *small milky coffee*

tea	**um chá** *tea* **um chá com leite** *tea with milk* **um chá com uma rodela de limão** *tea with a slice of lemon*
hot chocolate	**um chocolate quente**
glass of milk	**um copo de leite**
beer	**uma cerveja** *a bottle of beer (usually lager type)* **uma imperial** *a glass of lager* **uma cerveja preta** *brown ale*
wine	**uma garrafa de vinho** *a bottle of wine (for different sorts of wine see Chapter 4)*
soft drinks	**uma cola** *cola* **um quarto de água mineral** *a small bottle of mineral water* **uma laranjada(com/sem gás)** *fizzy/still orange* **uma limonada** *lemonade* **um batido** *milk shake* **um sumo de fruta** *fruit juice* **um sumo de laranja/tomate/ananás** *orange/tomato/pineapple juice*
snacks	**um bolo** *cake* **uma torrada** *toast* **um prego** *steak sandwich* **uma tosta mista** *toasted ham and cheese sandwich* **um cachorro (quente)** *hot dog* **uma sandes de queijo** *cheese sandwich* **uma sandes de fiambre** *ham sandwich*

2 Finding somewhere to stay

Key words

Do you have any rooms free?	**Tem quartos vagos?**
Yes. Yes, we do	**Sim. Sim, temos**
Sorry, we don't have any	**Lamento, mas não temos**
For how many people/nights?	**Para quantas pessoas/noites?**
For two people/nights	**Para duas pessoas/noites**
With a bathroom?	**Com casa de banho?**
I have a reservation	**Tenho um quarto reservado**
What name?	**Em que nome?**
How much is it?	**Quanto é?**
A place at the camp site?	**Há lugares para acampar?**
It doesn't work	**Não funciona**

Conversations

At the reception desk

A room for one, for eight nights, with bathroom

Tourist Boa tarde.
Receptionist Boa tarde.
Tourist Tem quartos vagos?
Receptionist Para quantas pessoas?
Tourist Para uma pessoa.
Receptionist Para quantas noites?
Tourist Para oito noites.

Receptionist	Quer com casa de banho?
Tourist	Sim, se faz favor.

End of cassette 1, side 1

A room for two, with bathroom

Tourist	Boa noite.
Receptionist	Boa noite.
Tourist	Tem quartos vagos? Para duas pessoas.
Receptionist	Com casa de banho?
Tourist	Sim, sim.

Sorry, no rooms

Tourist	Boa noite.
Receptionist	Boa noite.
Tourist	Tem quartos vagos?
Receptionist	*(checking)* ... Lamento, mas hoje não temos.

lamento, mas hoje não temos *I'm sorry, but we don't have any today*

Checking in when you've reserved a room

Mary Black	Boa noite.
Receptionist	Boa noite.
Mary Black	Tenho um quarto reservado.

Receptionist	Sim, senhora. Em que nome?
Mary Black	Mary Black.
Receptionist	Ah, sim. É o quarto duzentos e dez (210). Aqui tem as chaves. Fica no segundo (2°) andar.
Mary Black	Obrigada.

aqui tem as chaves *here are the keys*
fica no 2° andar *it's on the 2nd floor*

Asking how much

Customer	Quanto é?
Assistant	São quarenta e sete escudos (47$00). Muito obrigada. Bom dia.

muito obrigada *thank you very much*

At the camp site

A place for the car and caravan

Tourist	Bom dia.
Receptionist	Bom dia.
Tourist	Há lugares para acampar?
Receptionist	Com tenda, caravana ou carro-cama?
Tourist	Com caravana e carro.

há lugares para acampar? *are there any (spare) places to camp?*

Saying that the shower doesn't work

Tourist	Desculpe, o chuveiro não funciona.
Receptionist	Vamos ver.
Tourist	Obrigada.

desculpe *excuse me*

Explanations

Asking for accommodation

'Do you have any rooms free?' is **Tem quartos vagos?** **Tem . . . ?** with the words for what you want is the way to ask for anything. The answer may begin with **tenho** 'I have' or **temos** 'we have'; **não tenho** 'I haven't' or **não temos** 'we haven't'. **Há . . . ?** 'is/are there', again with the words for what you want, is another way of asking. This time, expect the reply to include **sim, há** or **não, não há**, though before you're given an answer you may be asked for more information:

Com uma cama?	*A single room?*
Com duas camas?	*Twin beds?*
Com cama de casal?	*Double bed?*
Com/sem casa de banho?	*With/without a bathroom?*

How long/how many?

You may be asked **para quantas noites?** 'for how many nights?', and **para quantas pessoas?** 'for how many people?'

Para uma noite/duas noites   *for one night/two nights*

Para uma pessoa/duas pessoas   *for one person/ two people*

How much?

Quanto é? is the way to ask how much something is. The answer will include a number and the word **escudos ($)**, the Portuguese unit of currency.

Some other words which may come in useful when you need to ask questions are:

quem? *'who?'*	o quê? *'what?'*	como? *'how?'*
porquê? *'why?'*	qual? *'which?'*	quantos/as? *'how many?'*

When things don't work

All you do is to find out the name of whatever isn't working from the dictionary and then add . . . **não funciona** '. . . won't work', eg

O chuveiro		*the shower*	
O telefone	nã funciona	*the telephone*	won't work
O ascensor		*the lift*	

18 dezoito

Masculine and feminine

In Portuguese, both people and things are either masculine or feminine. Masculine words usually end in **-o**, *eg* quart**o**. Feminine words usually end in **-a**, *eg* pesso**a** (the word for 'a person' is always feminine whether it's a man or a woman). There are exceptions to this rule, *eg* **chá** is masculine, not feminine.

When you come across a new word which you think will be useful, it's worth learning not only the word but also whether it's masculine or feminine (indicated in most dictionaries by **m** or **f**).

There are two words for 'a' – **um** and **uma**
Um is used with masculine words, eg **um** bolo
Uma is used with feminine words, eg **uma** caravana

The word for 'two' changes in a similar way
Dois is used with masculine words, eg **dois** bolos
Duas is used with feminine words, eg **duas** caravanas

Until you get to the hundreds no more numbers change their endings and it's **três bolos, quatro bolos** and **três caravanas, quatro caravanas** and so on.

'The'

There are different words for 'the' – **o/os, a/as**

o/os with masculine words   **o quarto** 'the room'
                                os quartos 'the rooms'
a/as with feminine words   **a chave** 'the key'
                                as chaves 'the keys'

Don't worry too much about masculines and feminines, singulars and plurals – people will understand you even if you get them wrong.

More numbers

11	onze	14	catorze	17	dezassete
12	doze	15	quinze	18	dezoito
13	treze	16	dezasseis	19	dezanove

20	vinte	50	cinquenta	80	oitenta
30	trinta	60	sessenta	90	noventa
40	quarenta	70	setenta	100	cem/cento

Except for the tens, all the numbers between twenty-one and ninety-nine are made up with the Portuguese word for 'and', **e**. Like this:

36 trinta **e** seis   82 oitenta **e** dois/duas

Cem becomes cento when combined with any other number, eg 120 **cento e vinte**

First, second, third, etc
1° primeiro   2° segundo   3° terceiro
4° quarto   5° quinto

Exercises

1   Read these requests for accommodation out loud, using the pronunciation guide on page 58 to help you. Then work out who is likely to have made each request from the people listed below.

a   Um quarto para uma pessoa, para duas noites
b   Um quarto com cama de casal e casa de banho para nove noites
c   Um quarto com cama de casal e um quarto com duas camas
d   Dois quartos com cama de casal para sete noites
e   Um quarto com duas camas para três noites

i   Mr and Mrs Hornsby and their two daughters
ii   Roy and Ann Ward, on a ten-day honeymoon
iii Mr and Mrs Jones and Mr and Mrs Brown, on a week's holiday
iv   Alan Black, travelling around, two nights here, two nights there
v   Penny and Maria, on a four-day break

2   You arrive at a hotel late in the evening. Complete this conversation with the receptionist.

Receptionist	Boa noite.
You	*(greet her and ask if she has any rooms free)* ....
Receptionist	Para quantas pessoas?
You	*(for two people)* ....
Receptionist	Quer com duas camas ou com cama de casal?
You	*(a double bed, please)* ....
Receptionist	Para quantas noites?
You	*(for one night)* ....
Receptionist	É o quarto cinquenta e cinco.
You	*(write down the number and thank her)* ....

3 Read the following prices out loud a few times and then write down what they are:

a	cinquenta e nove escudos	....$......
b	sessenta e três escudos	....$......
c	noventa e cinco escudos	....$......
d	oitenta e sete escudos	....$......
e	quarenta e um escudos	....$......
f	trinta e dois escudos	....$......

4 When you book into your hotel, you'll need to fill in a registration form **uma ficha**.

Hotel Estrela   Lisboa

Apelido ...... SMITH ......   Nome ...... JOHN ......

Data de nascimento 8/2/42   Nacionalidade ...... INGLÊS ......

Lugar de nascimento ......   Morada 2 WHITE ST.
   BRISTOL   LONCHESTER

No. de passaporte 1C 762410   exp. em ...... LIVERPOOL ......

Assinatura ...... J. Smith ......   no ...... 5/5/79 ......

From the details entered on the form on the previous page, you'll be able to guess the meaning of the Portuguese words. Now fill in your own particulars on this **ficha**.

Hotel Estrela   Lisboa

Apelido .... Nome ....

Data de nascimento .... Nacionalidade ....

Lugar de nascimento .... Morada ....

....

No. de passaporte .... exp. em ....

Assinatura .... no ....

Worth knowing

Hotels

The Portuguese National Tourist Office (address on page 67) offers useful information on all aspects of a stay in Portugal. There are also Tourist offices **Turismos** in Portugal itself.
Hotels **hotéis** in Portugal are officially classified with from one to five stars. Accommodation is also available in a **pensão/estalagem** (which provide room and breakfast, but not always full board). Like hotels, these are given star gradings.
State-run **pousadas** are frequently housed in former palaces, convents or other historical buildings. They are very popular and so if you want to stay in a **pousada** you'd be well advised to book in advance.

Whichever kind of hotel-type accommodation you choose in Portugal, you will probably find that the price quoted is for the room and not per person.

When you arrive you will be asked to fill in a registration form **(uma ficha)** and the receptionist will want to see your passport.

Camping

There is a considerable number of camp sites **(parques de campismo)** in Portugal, with facilities ranging from the simplest to the most sophisticated. You will need to show your passport and, for some sites, the membership card of a national or international camping association.

Money

The Portuguese unit of currency is the **escudo**, divided into 100 **centavos**. The **escudo** sign $ is written between the **escudos** and the **centavos**, eg 20$50 = twenty escudos and fifty centavos

You may also hear people mention **um tostão (10 centavos)** — usually in the expression **cinco tostões (5 tostões,** or **50 centavos)** — and **um conto (1,000 escudos).**

3 Getting around

Key words

Where is . . . ?	**Onde fica . . . ?**
Where's there . . . ?	**Onde há . . . ?**
Right	**Direita**
Left	**Esquerda**
Straight on	**Em frente**
Don't mention it	**De nada**
To . . . the Gulbenkian museum	**Para . . . o museu Gulbenkian**
A ticket to . . . Faro	**Um bilhete para . . . Faro**
May I hire a car?	**Posso alugar um carro?**
For how many days?	**Para quantos dias?**
Put 10 litres in	**Meta dez litros**

Conversations

Finding places

Another camp site? – Twenty kilometres further on. Turn right, left and then follow the sign for Estoril

Tourist	Bom dia.
Receptionist	Bom dia.
Tourist	Há lugares para acampar?
Receptionist	Lamento, não temos. Mas há outro parque de campismo a cerca de vinte quilómetros.
Tourist	Onde fica?
Receptionist	Na estrada do Estoril. Pode cortar à direita, depois à esquerda e segue o sinal que diz Estoril.

| Tourist | Obrigada. |
| Receptionist | De nada. |

a cerca de vinte quilómetros *about 20 kilometres away*
pode cortar *you turn*

St George's Castle? – Right, second on the left and straight on

Tourist	Desculpe, onde fica o castelo de São Jorge?
Passer-by	Vire à direita, tome a segunda à esquerda e siga em frente.
Tourist	Mais devagar, se faz favor.
Passer-by	Vire à direita, tome a segunda à esquerda e siga em frente.
Tourist	Obrigada.
Passer-by	De nada.

vire *turn*
tome *take*
siga em frente *carry straight on*

A chemist's? – In the second street on the left

| Tourist | Faz favor, onde há uma farmácia? |
| Passer-by | Uma farmácia? Há uma na segunda rua à esquerda. |

há uma *there's one*

Telling the taxi driver where you want to go...

| Passenger | Para o museu Gulbenkian, se faz favor. |
| Taxi driver | Sim, senhora. |

End of cassette 1, side 2

...and paying the fare

| Passenger | Quanto é? |
| Taxi driver | Cinquenta escudos (50$00)... muito obrigado. |

Catching a train

Buying a ticket to Faro

| Traveller | Um bilhete para Faro, se faz favor. |
| Clerk | Primeira ou segunda classe? |

Traveller	Segunda. Quanto custa?
Clerk	Trezentos e oitenta e cinco escudos (385$00).
Traveller	Obrigada.

Motoring

Hiring a car

Assistant	Boa tarde. Faz favor?
Customer	Posso alugar um carro?
Assistant	Com certeza. Para quantos dias?
Customer	Para oito dias.
Assistant	São quinhentos escudos (500$00) por dia e cinco escudos (5$00) por quilómetro, mais a gasolina.
Customer	Está bem.

por *per*
está bem *OK*

Buying petrol

Attendant	Boa tarde.
Motorist	Meta dez litros, se faz favor.
Attendant	Sim, senhora.

Explanations

Asking the way

Start with **desculpe** (if you have to interrupt someone) or **faz favor** (another way to say 'excuse me') and then it's either:

onde fica . . . ? 'where is . . . ?' – and the name of the place you're looking for, eg **Faz favor, onde fica a catedral?**

or, a more general question, **onde há . . . ?** 'where's there . . . ?' – and, again, the name of the place you're looking for, eg **Faz favor, onde há um banco?**

If you're not sure whether it's **onde fica** or **onde há**, just **Faz favor, a catedral?** or **Faz favor, um banco?** said with an inquiring tone will do.

Understanding directions

à esquerda   em frente   à direita

a primeira/segunda rua the first/second street
(**primeiro, segundo**, etc change to **primeira/
segunda**, etc when used with a feminine word,
here **a rua** 'the street'.)

aqui perto *near here*
aí/ali *there*

Taking a taxi

In towns and cities in Portugal, taxis **táxis** are
plentiful and relatively inexpensive. A tip is usual.
To tell the driver where you want to go, just put the
word **para** in front of your destination, eg **para o
castelo de São Jorge**.

Buying a ticket
Destination

um bilhete para Faro	*one ticket to Faro*
cinco bilhetes para o Porto	*five tickets to Oporto*

Type of ticket

primeira ou segunda classe?	*1st or 2nd class?*
ida ou ida e volta?	*single or return?*

OK?

Está bem? is the nearest Portuguese equivalent.

Buying petrol

If you'd rather have the tank filled than buy by the litre (**meta 10 litros**) you should ask **encha o depósito se faz favor**. By the way, many garages in Portugal still offer attended service for petrol.

More numbers

200	duzentos/as	600	seiscentos/as
300	trezentos/as	700	setecentos/as
400	quatrocentos/as	800	oitocentos/as
500	quinhentos/as	900	novecentos/as
1,000	mil	3,000	três mil
2,000	dois/duas mil	4,000	quatro mil

To join the hundreds with other numbers **e** (and) is added, eg

230 duzentos **e** trinta
235 duzentos **e** trinta **e** cinco

The -**os** ending changes to -**as** when used with a feminine word, eg:

quinhent**os** e cinquenta escud**os** *but* quinhent**as** e cinquenta caravan**as**

These high numbers are ones you'll need to understand more than to say.

Exercises

Key to map

A	o castelo	E	o Turismo
B	o hospital	F	o banco
C	o hotel Estrela	G	**Correios** (post office)
D	a catedral	H	**a estação de serviço**
↑●	you – and the direction you are facing	I	**a estação de caminho de ferro** (railway station)

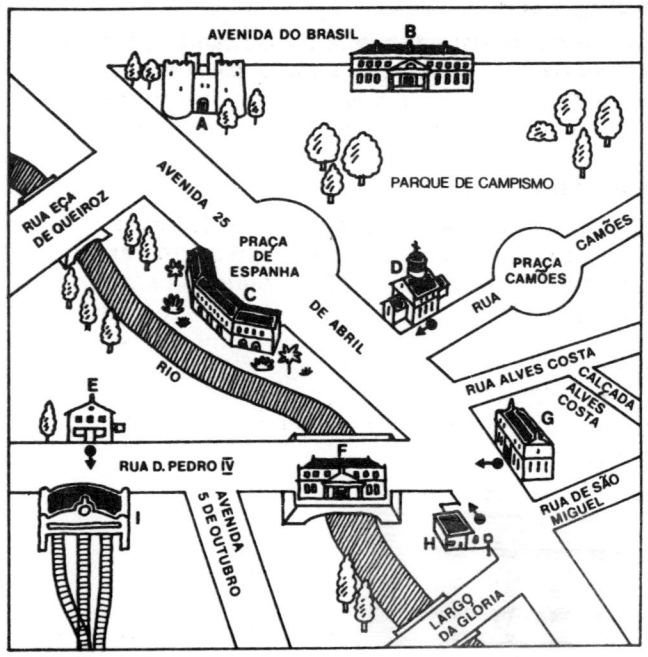

1 Where are you going, if you're given the following directions?

a From the Tourist Office E
Vire à esquerda, tome a segunda rua à direita, e fica aí à direita ....

b From the cathedral D
A primeira à direita, depois siga em frente até à Praça de Espanha. ....
fica à esquerda.

c From the service station H
Há um na Rua D. Pedro IV. Pode cortar à esquerda, depois seguir em frente, e fica à direita ....

d From the post office G
Ah, sim – é perto do parque de campismo. Vire à direita, siga em frente até ao fim da Avenida 25 de Abril, e fica aí, à direita ....

2 You're at the station and want to buy one return ticket to Coimbra – second class.

Booking clerk Bom dia. Faz favor?
You ....
....
Booking clerk Primeira ou segunda classe?
You ....
Booking clerk Ida ou ida e volta?
You ....
Booking clerk São 500$00. Obrigado.

3 You want to find the following places. Ask a passer-by where they are – don't forget to begin, 'excuse me'.

a a chemist's ....
....
b St George's Castle ....
....
c the railway station ....
....
d a bank (you've had to interrupt a conversation to ask) ....
e a service station ....
....
f the Hotel Estrela ....
....

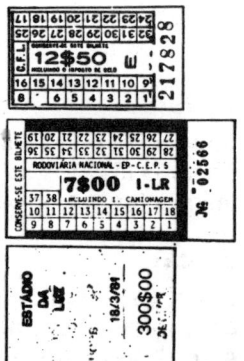

4 Match these prices to their tickets. Practise saying the numbers out loud – check your pronunciation with the guide on page 58.

a trezentos escudos
b doze escudos e cinquenta centavos
c noventa e cinco escudos
d sete escudos
e vinte escudos

Worth knowing

Getting around

By train

Portugal has an extensive railway system covering most parts of the country. You need to check carefully with the timetable that you aren't catching a train which stops at every station when what you want is an express. A variety of tickets is available, including family, tourist and kilometric; information about these may be obtained from the Portuguese National Tourist Office or from main railway stations in Portugal. Motorail services are available on the Paris/Lisbon and Oporto/Lisbon/Algarve routes.

A supplement is payable on certain express trains.

Lisbon has an underground railway system **o Metropolitano** or **o Metro**. Stations are identified by a large red **M**.

By bus

Town, cities and rural areas are all served by buses. There is also a nationwide network of coach routes linking the major centres.

By car

Petrol **(a gasolina)** is sold in litres. Two grades are available: **super** (roughly equivalent to our 4-star) and **normal** (2-star).

Portugal has few motorways (**auto-estradas**) and it is usually a good idea to keep to the major roads (signposted **N** with a number) which link the larger towns.

Most garages are open from 8.00 am to 12.00 noon and from 2.00 pm to 7.00 pm. It's best to keep as much reserve as you can because petrol stations may be hard to find if you leave the main road.

Road signs are the international ones we know in Great Britain but there are some useful common ones which it's worth knowing about:

Acenda as luzes	*Headlights on*
Curva perigosa	*Dangerous bend*
Conduza com cautela	*Drive carefully*
Cruzamento	*Crossroads*
Devagar	*Slow*
Dê prioridade	*Give way*
Desvio	*Diversion*
Estacionamento proibido	*No parking*
Passagem de nível	*Level crossing*
Parque de estacionamento	*Parking*
Pare, escute, olhe	*Stop, look, listen*
Proibida a ultrapassagem	*No overtaking*
Prioridade à direita	*Give way to the right*
Sentido único	*One way*

Hiring a car

Cars can be hired in most towns in Portugal. A deposit is usually requested in advance. The minimum age for hiring a car is generally 23 and you should have held a full driving licence for a year (a British driving licence is valid in Portugal).

Police

In Portugal there are two separate forces **a polícia** and **a GNR – a guarda nacional republicana**. Both forces carry guns.

32 trinta e dois/duas

4 Eating out

Key words

At what time ...	A que horas ...
... does it leave/arrive?	... parte/chega?
... does it open/close?	... abre/fecha?
In the morning, afternoon, evening	De manhã, de tarde, à noite
Breakfast/lunch/dinner	O pequeno almoço/o almoço/o jantar
Ordering chicken for two and a steak	Frango assado para dois e um bife da casa
Introducing people	Apresento-lhe a Senhora Dona .../ o Senhor ...
Pleased to meet you	Muito prazer
The bill, please	A conta, se faz favor
A beer and a bottle of wine	Uma cerveja e uma garrafa de vinho

Conversations

Finding out when ...
... the train for Oporto leaves

Traveller   A que horas parte o comboio para o Porto, se faz favor?

Information clerk   De manhã, de tarde ou à noite?

Traveller   De manhã.

Information clerk   Há um rápido-directo às sete e vinte e cinco (7.25).

Traveller   A que horas chega?

Information clerk   Chega às dez e vinte e cinco (10.25).

Traveller   Muito obrigada.

Information clerk	De nada.

...the hotel serves meals

Guest	Quanto é o quarto?
Receptionist	Oitocentos escudos (800$00) com casa de banho e pequeno almoço.
Guest	Servem almoços e jantares?
Receptionist	Sim, servimos todas as refeições.
Guest	A que horas?
Receptionist	O pequeno almoço a partir das oito (8.00) até às dez e meia (10.30), o almoço é da uma hora (1.00) às duas e meia (2.30) e o jantar das sete (7.00) às nove (9.00).
Guest	Muito obrigada.
Receptionist	De nada.

servem almoços e jantares? *do you serve lunches and dinners?*
servimos todas as refeições *we serve all meals*

In the restaurant

Ordering – starters, main course and something to drink

Waiter	O que deseja?
Customer	Duas sopas de feijão e um caldo verde. Frango assado para dois e um bife da casa.
Waiter	Para beber?
Customer	Uma cerveja e uma garrafa de vinho.
Waiter	Branco ou tinto?
Customer	Tinto.

Ordering – desserts

Waiter	Que desejam para sobremesa? Temos ananás, pudim, gelado de morango, bolo de amêndoa, arroz doce, mousse de chocolate...
Customer	Um ananás, um pudim e um gelado de morango.

Being introduced

Odete	Boa tarde.
Maria José	Boa tarde.
Leonel	Boa tarde.
Odete	Apresento-lhe a Senhora Dona Maria-José Tavares, o Senhor Leonel Mesquita.
Maria José	Muito prazer.
Leonel	Muito prazer.

end of cassette 2, side 1

Explanations

Time

To ask at what time something is happening, use

A que horas $\begin{Bmatrix}\text{abre}\\\text{fecha}\end{Bmatrix}$ **o banco?**

$\begin{Bmatrix}\text{parte}\\\text{chega}\end{Bmatrix}$ **o comboio?**

At what time/when does the bank {open? / close?}

the train {leave? / arrive?}

You'll need to understand the replies you hear

às nove horas	*at nine o'clock*
às duas e meia	*at half-past two*
às três e um quarto	*at a quarter past three*
das sete às dez e meia	*from seven o'clock to half-past ten*
da uma hora às três	*from one o'clock to a*
menos um quarto	*quarter to three*
ao meio-dia	*at noon*
à meia-noite	*at midnight*

trinta e cinco **35**

And to ask the time, you say **que horas são?**

são cinco e dez	*it's ten past five*
são sete e um quarto	*it's a quarter past seven*
são oito menos vinte/ são vinte para as oito	*it's twenty to eight*
são seis menos um quarto/são um quarto para as seis	*it's a quarter to six*
é meio-dia	*it's noon*
é meia-noite	*it's midnight*

Times of day

de manhã	*in the morning*
de tarde	*in the afternoon/ early evening*
à noite	*in the evening/ at night*
ontem	*yesterday*
hoje	*today*
amanhã	*tomorrow*

In some places you may find people use the 24-hour clock, eg

1405   às catorze e cinco
2140   às vinte e uma e quarenta
1515   às quinze e quinze

Meeting people

When you're introduced to someone (**apresento-lhe . . .**) the expression to use in reply is **muito prazer** (pleased to meet you). Portuguese people tend to be fairly formal about introductions and unless it's a very casual meeting a lady will be introduced as **a Senhora Dona** and a man as **o Senhor** with both Christian names and surname(s). Interestingly, **Senhora** is used for a lady of any age, whether or not she is married.

Exercises

1 First, write down what the question would be in Portuguese and then give the answer, again in Portuguese.

a What time does the train for Oporto leave? ....

Às ....

b What time is it? .. ..

São ....

c What time does the train arrive? ....

Às ....

d What time does the chemist's close? ....

Às ....

e What time does the restaurant open? ....

Às ....

f What time does the train to Faro leave? ..

23 55

Às ....

2 What do you say in the following situations?

a You want to know if your hotel serves lunch and dinner ....

b You're introducing Senhora Dona Maria José da Silva to your boss, Richard Smith ....
....
c You've just been introduced to someone ......
....
d You want the bill ....

3 You and your family – four in all – arrive for a meal in the restaurant. You find a table and the waiter comes over

Waiter	Boa noite. Fazem favor. O que desejam?
You	*(the menu please)* ....
	....
	(now you've chosen – you'll start with two potato and cabbage soups, one plain omelette and one bean soup) ....
	....
Waiter	Sim, sim, com certeza.
You	*(now, main course – one wants cod cooked in egg with potato and onion, two want the roast chicken and you'll have the liver with rice)*
	....
	....
	....
Waiter	Sim, senhores. E para beber?
You	*(a bottle of white wine* (**vinho branco**) *and two small bottles of mineral water)* ....
	....
	....
Waiter	Muito bem.
	Now, time for dessert.
	Para sobremesa?
	Temos arroz doce,

|||mousse de chocolate,
gelado de baunilha,
maçãs ...
(No creme caramels! Oh well, two would like chocolate mousse and the other two of you prefer an apple each) ....
....

Waiter		Querem café?
You		*(yes, after that lovely meal, four small, strong black coffees – a look at Chapter 1 may help!)* ....

....

(And, after the coffee, time for the bill. Ask the waiter.) ....
....

4 How would you say in Portuguese:

a What time does the train for Aveiro leave, please? ....
....

b What time does it arrive? ....
....

c In the morning ....
d In the afternoon ....
e At night ....
f What time does the bank close? ....
....
g At midnight ....

Worth knowing

Where to eat

For a light meal or a snack choose **um café-bar** or **um snack-bar**. Two snacks which are well worth trying are **um prego** (a steak sandwich) and **uma tosta mista** (a toasted ham and cheese sandwich. (See also page 14). If you want something a little more substantial, try **um combinado** – things like a hamburger **uma hamburguesa** and steak and chips **bife com batatas fritas** come into this category. A refreshing alternative to beer and wine is mineral water. Ask for **um quarto de água mineral** to get a small bottle, either fizzy **(com gás)** or still **(sem gás)**. Many bars also serve very good meals and you can eat either at the bar or at a table. Quite often, you'll find the menu chalked up on a blackboard.

For a wider choice of meals choose a restaurant, **um restaurante.** Prices vary according to the class of restaurant which may be **de luxo** 'luxury' or **de primeira/segunda/terceira classe** 'first/second/third class.' A plaque fixed to the wall outside the restaurant will tell you the category. You'll also find the menu displayed outside so that you can see what's available before going in. If you want to eat and drink to the sound of **o fado**, Portugal's national folk song, you should choose **uma casa de fado**.

Menus

A lista or **a ementa** is the word for the menu and, besides the à la carte dishes, there are normally the dish of the day **o prato do dia** and the restaurant's speciality dish **a especialidade da casa.**

Menus are often divided into sections roughly corresponding to hors d'oeuvres, fish, main course and dessert. **Sobremesa** is the general word for dessert but this may be subdivided into **doces** sweets, **fruta** fruit and **queijo** cheese. You'll usually find that, although there isn't a cover charge as such, you'll be charged separately for bread and butter **pão e manteiga**.

Common dishes

Starters **entradas** — **Caldo verde** potato and cabbage soup, and **sopa de feijão** bean soup are two favourites. Other soups are available depending on the season or you could try **presunto** cured ham or **uma omeleta simples** a plain omelette.

Fish **peixe** — Portugal has a wide variety of fish dishes and it's well worth trying some of them such as **peixe-espada** swordfish, **pescada** hake and, perhaps most typically Portuguese of all, **sardinhas assadas** sardines cooked over charcoal.

Meat **carne** — **A vitela** veal is very popular as is **o bife** steak. But it can pay to be adventurous and to try dishes such as **fígado com arroz** liver with rice in a delicious sauce. Among poultry and game **aves e caça** the most popular, as in England, are **o frango** chicken and **o peru** turkey.

Vegetables **legumes** — In many snack bars and restaurants chips **as batatas fritas** or creamed potato **o puré de batata** are served automatically together with another vegetable which happens to be in season. Instead of cooked vegetables you may prefer a dressed green salad **uma salada simples** or a mixed salad **uma salada mista**.

Dessert — **sobremesa** is the general word for what you have after your main course. Within this, you'll have a choice. You may prefer **um doce** a sweet such as **um mousse de chocolate** a chocolate mousse, **um pudim** a creme caramel, **um gelado de baunilha/morango** a vanilla/strawberry ice cream, **um arroz doce** rich, sweet rice or **um bolo de amêndoa/com chantilly** an almond/cream cake. On the other hand, you may choose **fruta** fruit such as **ananás** pineapple, **maçã** apple or

laranja orange. Finally, there's **queijo** cheese and two popular types are **queijo da serra** and **queijo da ilha**.

Wines

The semi-sparkling Portuguese rosé wine **vinho rosé** we know in England is only one of a wide variety of wines produced in the country. There's also **vinho verde** from the Minho region of northern Portugal, a semi-sparkling wine which is most often white **branco** though red **tinto** is also available. Another wine well worth trying is **Dão** which, again, is available as both a red and a white wine. No visit to Portugal would be complete without tasting some port **vinho do Porto**. Try a glass of white port as an apéritif. And, after your meal, if you like strong spirits, try a small **bagaço** — just ask for **um bagaço**.

Paying

To get the bill, you just need to catch the waiter's attention, perhaps with a polite **Faz favor!**, and to ask **A conta, se faz favor** 'the bill, please'. When it arrives, don't be surprised to find the extra charge for bread and butter, **pão e manteiga**.

Tips

Nowadays service is included but, if you've had particularly good service and enjoyed the meal, a few extra *escudos* will convey your appreciation.

Regional cooking

Portugal has a wide variety of regional cooking, with the coastal areas specialising in fish dishes, the northern areas in warming, nourishing dishes and the south in lighter food. Wherever you are in the country the regional specialities will be well worth sampling and many waiters will be happy to recommend the ones you should try.

5 Going shopping

Key words

Asking you what you'd like	(O) que deseja?
Anything else?	Deseja mais alguma coisa?
No thanks, that's all	Não obrigado/a, é tudo
A kilo of . . .	Um quilo de . . .
A bottle of . . .	Uma garrafa de . . .
100 grams of . . .	Cem gramas de . . .
A tin of . . .	Uma lata de . . .
A packet of . . .	Um pacote de . . .
These . . . or those?	Destes . . . ou daqueles?
These, please	Destes, se faz favor
I have a pain in my . . .	Tenho uma dor de . . .
I'd advise . . .	Aconselho-lhe . . .
Something typically Portuguese?	Tem uma lembrança típica de Portugal?
Which colour?	De que cor?
Take your pick!	Faça favor de escolher!
Five stamps, please	Cinco selos, se faz favor
Can I change some traveller's cheques?	Posso trocar traveller's cheques?
Pull . . . push	Puxe . . . empurre

Conversations

Shopping

. . . for sugar, wine, ham, sausages and butter

Customer Bom dia.
Shopkeeper Bom dia. Que deseja?

quarenta e três 43

Customer	Um quilo de açúcar, uma garrafa de vinho...
Shopkeeper	O vinho temos branco, tinto ou verde.
Customer	Vinho verde, se faz favor, e cem (100) gramas de fiambre, uma lata de salsichas e um pacote de manteiga.
Shopkeeper	Deseja mais alguma coisa?
Customer	Não obrigada, é tudo.

açúcar *sugar*
fiambre *boiled ham*
salsichas *sausages*
manteiga *butter*

... for meat

Customer	Bom dia.
Butcher	Bom dia, minha senhora. Que deseja?
Customer	Seis bifes.
Butcher	Destes ou daqueles?
Customer	Destes, se faz favor.
Butcher	Sim, senhora.

minha senhora *madam*
seis bifes *six steaks*

... for a remedy for your stomachache

Customer	Boa tarde.
Chemist	Boa tarde.
Customer	Tenho uma dor de estômago.
Chemist	Aconselho-lhe este medicamento.
Customer	Muito obrigada.

aconselho-lhe *I'd advise*

... for a souvenir

Customer	Faz favor, tem uma lembrança típica de Portugal?
Assistant	Temos bonecos, galos, lenços, xailes...
Customer	Um xaile, por favor.
Assistant	De que cor? Branco, preto, vermelho...

| *Customer* | Branco, se faz favor. |

bonecos, galos, lenços, xailes ...   *dolls, cockerels, handkerchiefs, shawls ...*

... for postcards

Customer	Boa tarde.
Assistant	Boa tarde. O que deseja?
Customer	Vende postais?
Assistant	Sim, senhora. Faça favor de escolher.

vende postais?   *do you sell postcards?*
faça favor de escolher   *take your pick*

... and for stamps

Customer	Bom dia.
Counter clerk	Bom dia.
Customer	Cinco selos, se faz favor. Para Inglaterra.
Counter clerk	Para cartas ou postais?
Customer	Quatro para postais e um para carta.
Counter clerk	Oitenta e dois escudos (82$00).

At the bank

Changing traveller's cheques

(Customer	Posso trocar traveller's cheques?)
Bank clerk	Com certeza ... passaporte ... morada aqui em Portugal, por favor?
Customer	Hotel Estrela, Lisboa.
Bank clerk	Quer assinar os traveller's cheques, por favor? ... Aqui está a sua chapa. Receba na caixa, por favor.

morada   *address*
quer assinar   *will you sign*
aqui está a sua chapa   *here's your disc/tag*
receba na caixa   *you can get your money from the cash desk*

Listening for your turn

| *Cashier* | Chapa número trinta e oito (38). |

Pull . . . or push?

Assistant   Puxe, puxe! Não empurre!
Customer   Ah, sim, muito obrigado.

Explanations

To ask for precise quantities

The main quantities used are the **quilo** (kilo), **meio quilo** (half kilo), **duzentos e cinquenta gramas** (250 grams) and **cem gramas** (100 grams).

um quilo de açúcar	*a kilo of sugar*
meio quilo de tomates	*half a kilo of tomatoes*
duzentas e cinquenta gramas de queijo	*250 grams of cheese*
cem gramas de presunto	*100 grams of cured ham*

Liquids are sold by the **litro** (litre), **meio litro** (half litre), **garrafa** (bottle) and **garrafão** (large bottle/demijohn).

um litro de leite	*a litre of milk*
um meio litro de azeite	*a half litre of cooking oil*
uma garrafa de água mineral	*a bottle of mineral water*
um garrafão de vinho	*a demijohn of wine*

Ready packed goods

As in the UK, many goods come ready packed

uma lata de . . .	*a tin of . . .*
um pacote de . . .	*a packet of . . .*
um pão, se faz favor	*a loaf of bread, please*

This and that

If you can see what you want but don't know what it's called just point it out to the assistant and say:

um/dois/três destes, se faz favor (if it's near you) — *one/two/three of these, please.*

um/dois/três daqueles, se faz favor (if it's further away) – *one/two/three of those, please*

Pull or push?

On many of the doors you use in Portugal you'll see the words PUXE and EMPURRE which may be very confusing at first. Remember it's

PUXE **Pull**   EMPURRE **Push**

Colours

When you're out buying things such as clothes or souvenirs, it's quite likely that you'll be asked **de que cor?** which colour? If you can see the one you want, you can point and say **um destes** or **um daqueles** but, if not, here are a few colours:

amarelo *yellow*   castanho *brown*   preto *black*
azul *blue*   cor-de-rosa *pink* verde *green*
branco *white*   laranja *orange*   vermelho *red*

If you want to ask for a specific colour in the first place, you should put the colour after the name of the thing you want, eg **um xaile branco** a white shawl **um lenco amarelo** a yellow handkerchief. See also page 62.

Take your pick

It may sometimes be easier, as when choosing postcards, for you to select the ones you want and hand them to the assistant rather than him/her taking them from the display as you decide. The key word to listen out for here is **escolher** to choose.

Faça favor de escolher would you like to choose your own?

A farmácia the chemist's

If you don't feel that you need a doctor (**um médico**) a chemist will probably give you some advice. To say that you have a pain is **tenho uma dor de . . .** and you add the name for the particular part of the body which hurts, eg **tenho uma dor de estômago** (stomachache) **tenho uma dor de cabeça** (headache).

Exercises

1   Your holiday's coming to an end and so you're off to buy souvenirs for family and friends back home. But you've also promised to organise a picnic. You've made a list of the things you want in English. How will you ask for them in Portuguese? (The word for peaches, by the way, is **pêssegos**.) Fill in the list opposite.

2   You've been out and bought some postcards which you've written sitting by the swimming pool. You've also written a letter which you'd been meaning to write for ages. Time now to go to the post office to buy some stamps:

You	*(Good morning)* ....
Counter clerk	Bom dia. Faz favor?
You	*(5 stamps please – for England.)*
	....

48 quarenta e oito

- A loaf of bread
- A packet of butter
- 250 grams of boiled ham
- 2 kilos of peaches
- 2 bottles of white wine
- A litre of mineral water

- 3 dolls
- 3 shawls
  - brown
  - black
  - red
- 4 cockerels
- 5 white handkerchiefs

Counter clerk	Para cartas ou postais?
You	*(For postcards)* ....
Counter clerk	São 100$00.
You	*(You've forgotten the letter! And one for a letter!)* ....
Counter clerk	100$00 mais trinta escudos são cento e trinta escudos *How much is that?* ....
You	*(Thank her)* ....
Counter clerk	De nada. Bom dia.
You	*(Say goodbye)* ....

3 Using the *Worth knowing* section at the end of this chapter, work out how you would ask, Excuse me, where's there . . .

a a butcher's? ....

b a jeweller's? ....

c a department store? ....
....

d a supermarket? ....
....

e a tobacconist's? ....
....

f a travel agent's? ....
....

4 You're running low on money and so you decide to change some traveller's cheques at the bank. Fill in your part of the conversation:

You	*(Say good morning.)* ....
Bank clerk	Bom dia, faz favor?
You	*(Ask him if you can change traveller's cheques.)* ....
	....
Bank clerk	Com certeza.
	You give him the traveller's cheques and then he asks you . . .
Bank clerk	Passaporte?
	And then there's another question . . .
Bank clerk	Morada aquí em Portugal?
	(What's he asking you?) ....
	....
Bank clerk	Quer assinar os traveller's cheques por favor?
	(What do you do?) ....
	....
Bank clerk	Obrigado. Aqui está a sua chapa. Queira receber na caixa, se faz favor?

50 cinquenta

(What does he give you?) ....
....
(And what do you do with it?) ....
....

You've got your money now and, getting to the door, you see the word PUXE *written on it — what do you do?* ....

Worth knowing

Shopping for food

Most towns in Portugal have at least one supermarket **um supermercado** where you can buy a wide range of foods. But if you're staying in the country and want an opportunity to practise your Portuguese it's well worth venturing into the local food shop. Another place well worth a visit is the market **o mercado** where you can buy a whole range of fresh food, including meat and fish.

Shops in Portugal usually open at 9.00 am and close at 7.00 pm (later in some places) though with a break for lunch between 12 noon and 3.00 pm! Some shops do not open on Saturday afternoons and, except in tourist areas, everywhere is closed on Sundays.

Other shops

A agência de viagens travel agent's — where you can get information about sightseeing and two- and three-day trips as well as book holidays.

O armazém department store — much like the ones we're used to in England. There's a department store in most large towns and a number in the cities.

A charcutaria delicatessen — where you can get a wide variety of cooked meats and dried sausage **chouriço**.

A farmácia the chemist's — a visit to the chemist's may save you a trip to the doctor's. If one chemist's is closed a list of others which are open is often prominently displayed.

A ourivesaria the jeweller's — where you can buy some exquisite pieces, particularly **filigrana** filigree which can be either silver **de prata** or gold **de ouro**. **Brincos** are ear-rings, **um fio** a chain, **uma pulseira** a bracelet and **um anel** a ring.

A padaria the baker's — which will normally sell only bread. **Um pão** is the general word for a loaf but bread in Portugal comes in all shapes and sizes, each with its own special name, and perhaps the easiest way to ask is **um destes** or **um daqueles** one of these or one of those.

A papelaria the stationer's — where you can often get a souvenir **uma lembrança** as well as paper and pens.

A tabacaria — the tobacconist's — where you can also buy souvenirs and, with the appropriate sign outside, stamps **selos**.

O talho the butcher's — for a wide variety of meat. **Bife** is steak, **a vitela** veal, **a carne de porco** pork and **a carne de borrego** lamb. **Um filete** is the word for a slice.

Souvenirs

Two things which are very typically Portuguese are models of **a caravela** the caravelle, the type of ship in which Portuguese explorers sailed to new lands, and brightly decorated models of **o galo de Barcelos** the cockerel of Barcelos which is the subject of a well-known Portuguese folk story. Filigree jewellery is also very popular. Traditional leather goods **artigos de coiro** are sold in many parts of the country and embroidered handkerchiefs **lenços** and crocheted shawls **xailes** can easily be found. Dolls **bonecos** dressed in regional or national costume are another way of remembering a visit to Portugal.

Correios The post office

Look for the letters **CTT (Correios, Telégrafos e Telefones)** on a blue background. Stamps may also be bought at a tobacconist's shop where you see a sign with a red horseman on a white and green background with the word **selos** stamps.

For England is **para Inglaterra,** for Northern Ireland **para a Irlanda do Norte,** for Scotland **para a Escócia,** for Wales **para o País de Gales** and for Ireland **para a Irlanda**.

O telefone The telephone

For international calls, it's best to go to the local post office, though you can dial direct to Great Britain from some street telephone boxes. Unused coins are returned to you on completion of the call.

Banks

Banking hours are usually from 8.30 am to 12.00 noon and 1.00 pm to 2.30 pm on weekdays. The word for exchange is **câmbio**. There are also *bureaux de change* at some airports and major railway stations. Be sure to take your passport with you when cashing traveller's cheques or writing a cheque backed with a banker's card. When the transaction is completed you will probably be given a disc or tag **uma chapa** with a number on it and asked to go to the cash desk **a caixa** for your money; the number on your **chapa** will be called when it's your turn.

Can you 'GET BY'?

Test

Try these exercises when you've finished the course. The answers are on page 71.

1   Match each question with the place where it might be asked – choose from the list below:

a   Para sobremesa?.....................
b   Com casa de banho?..................
c   Primeira ou segunda classe? ....
d   Para cartas ou postais? ....
e   Com tenda, caravana ou carro-cama? ....
....
f   Quer assinar os traveller's cheques?..........
....

o banco, o restaurante, a estação, o parque de campismo, o hotel, Correios

2   You've hired a car and are touring Portugal. What do the following road signs mean?

a   Sentido único ....
b   Desvio ....
c   Parque de estacionamento ....
d   Dê prioridade ....
e   Cruzamento ....
f   Devagar ....
g   Curva perigosa......................
h   Prioridade à direita ....
....

3   You've gone out for a drink and a snack. How do you order the following?

a   Two small black coffees and a tea with milk.

....

54 cinquenta e quatro

b A steak sandwich and a small (fizzy) mineral water. ....
....

c A large milky coffee in a glass and an orange juice. ....

d Four cakes and two hot dogs. ....
....

4 What do you say if . . .

a you see a friend in the street and want to say hello?..

b you want to know the time? ....

c the person you're talking to is speaking too quickly?..

d you want to ask where there's a chemist's?
....

e you're asking how much something costs? ....
....

f you meet a business contact at 4 pm and want to say good afternoon? ....

g someone's asked you how you are – you're fine?...

h you'll be seeing someone later that day? ......
....

i the lift isn't working? ....
....

j you have a headache? ....
....

5 Write down the following amounts (and say them aloud in Portuguese).

a 500$00 ....
b   66$00 ....
c   13$00 ....
d   33$00 ....
e 600$00 ....
f 242$00 ....

6 You're going shopping. Ask for these things:

1 litre of milk ....
2 kilos of apples ....
1 small bottle of mineral water ....
....
2 tins of sausages ....
A loaf ....
Half a kilo of butter ....

7 The car needs filling with petrol. How do you say ...

a Put in 20 litres, please ....
....
b Fill the tank, please ....
....
c 4-star ....
d 2-star ....

8 What do the following directions mean? Pick out the key words

a Siga em frente até à catedral. Depois vire à esquerda ....
....

b Tome a terceira rua à direita ....
....

c Vire à direita, depois tome a primeira à esquerda ....

d É a segunda rua à esquerda ....
....

9 What might you reply when someone says to you ...

a *O que deseja?* (and you want two vanilla ice creams) ....

b *Quer um café?* (and you do) ....
....

56 cinquenta e seis

c Apresento-lhe a Senhora Dona Odete Brito. *(and it's a pleasure)* ....

d Deseja mais alguma coisa? *(and you don't)* ..
....

e Destes ou daqueles? *(and you want these, please)* ....

f Pudim, bolo de amêndoa, fruta? *(and you want a creme caramel, please)* ....
....

g Com casa de banho? *(and you want to say 'yes, please')* ....

h Há outro parque de campismo. *(and you want to know where it is)* ....

10 Circle the correct answer.

a *You can't stand black coffee or black tea. Which would you choose?*
uma bica   um galão   um chá

b *Which of these would you stick on your postcards and letters?*
selos   quilos   bolos

c *Which of these would you buy by the* **litro**?
salsichas   manteiga   gasolina

d *You're leaving today. That's* **parto** ...
hoje   ontem   amanhã

e *You want to know what time the train arrives. That's* **a que horas** ...
abre?   fecha?   chega?

Reference section

Language

The Portuguese you hear in the programmes is typical of mainland Portugal. Portuguese is also spoken in other parts of the world, notably parts of Africa and in Brazil. The accents there are different from the ones you hear and some of the vocabulary is not the same. However, if you go to a Portuguese-speaking country other than Portugal you should be understood using the Portuguese you have met in 'Get by in Portuguese'. As for understanding what people say to you, within a few days you should become used to the different accent.

Stress

Words which end in **a, e, o, m** or **s** are usually stressed on the last syllable but one: **ca**sa, de**se**jam, **ca**rro

Other words are usually stressed on the last syllable: fa**vor**, a**qui**, ga**lão**

A word which is an exception to this rule will usually bear a written accent on the syllable to be stressed: ca**fé**, a**çú**car, **rá**pido

In order to help you, in the word list at the back of this book the stressed syllables have been printed in bold type.

Pronunciation

The best way to acquire a good accent in Portuguese is to listen carefully to the native speakers in the programmes and on the cassettes, taking every opportunity to repeat words and phrases aloud. The following brief guide, which gives **approximate** English equivalents for Portuguese sounds, will help when you are reading and when you meet new words for the first time.

Vowels

a	when stressed, between 'a' as in 'cat' and 'a' in 'father'	c**a**rro
	when unstressed, like the first 'a' in 'aback'	bic**a**
à	like 'a' in 'mat'	**à**s
e	when stressed, usually like 'e' in 'tell'	p**e**rto
	when unstressed, usually like 'e' in 'given'. Some people may pronounce the 'e' at the end of a word in this way though it is normally unsounded.	p**e**sado
		noit**e**
	when unstressed at the beginning of a word, like a short 'ea' in 'tea'	**e**stá
é	like e in 'tell'	caf**é**
ê	like 'ey' in 'they'	ingl**ê**s
i	when stressed, like 'ea' in 'tea'	sard**i**nha
	when unstressed, like 'i' in 'cigar'	c**i**garro
o	when stressed, like 'o' in 'hot'	p**o**sso
	or like 'o' in 'total' when followed by an **a**.	Lisb**o**a
	when unstressed, between 'oo' as in 'foot' and 'oo' in 'food'	batid**o**
ô/ ou	like 'o' in 'total'	**ou**tro
u	usually like 'oo' in 'soon', but silent when after **g** or **q** and before **e** or **i**	n**ú**mero q**u**er

Vowels which consist of two letters

ai	like 'y' in 'why'	m**ai**s
au	like 'ow' in 'how'	m**au**

ei	like 'ay' in 'pay'	dir**ei**ta
eu	like 'ey' in 'they' plus 'oo' in 'food'	perd**eu**
iu	like 'ea' in 'tea' plus 'oo' in 'food'	part**iu**
oi	like 'o' in 'note' plus short 'i' in 'bit'	c**oi**sa
ou	like 'o' in 'total'	**ou**tro
ui	like 'oo' in 'food' plus 'ea' in 'tea'	L**uí**s

Nasal vowels

A vowel with a til ˜ over it, or followed by **m** or **n** in certain cases, is nasalized – spoken through the mouth and the nose at the same time, and as if followed by a short 'ng' as in 'dancing'.

ã/ an/ am	like the 'a' in 'back', nasalized	manh**ã**
ãe/ ai	like 'y' in 'why', nasalized	m**ãe**
ão	like 'ow' in 'how', nasalized	gal**ão**
en/ em	(in the middle of words) like 'ea' in 'bear', nasalized	qu**en**te
en/ em	(at the end of words or **em** on its own) like 'ay' in 'say', nasalized	parag**em**
êm	as **em** at the end of words but with the **em** sound repeated like 'ay-ay' in 'say say', nasalized	t**êm**
in/ im	like 'ea' in 'tea', nasalized	c**in**co
õ/ on/ om	like 'orn' in 'born', nasalized	b**om**
õe	like 'oy' in 'boy', nasalized	gal**õe**s
ui	like 'oo' in 'food' plus 'ea' in 'tea', nasalized	m**ui**to
un/ um	like 'oo' in 'food', nasalized	**um**

Consonants

Most are similar to English but pay attention to

c	like 'c' in 'cat' before **a, o** and **u**, otherwise like 's' in 'sit'	**c**oisa **c**em
ç	like 's' in 'sit'	informa**ç**ão
ch	like 'sh' in 'show'	**ch**ave
d	as in English (though sometimes a **d** towards the end of a word may sound almost like a **t**)	tar**d**e
g	like 'g' in 'get' before **a, o** and **u** like 's' in 'leisure' before **e** and **i**	**g**alão **g**elado
h	always silent	**h**otel
j	like 's' in 'leisure'	via**j**ar
lh	like 'lli' in 'million'	o**lh**e
m/n	when not nasalized, as in English	**m**anteiga **n**ada
nh	like 'ni' in 'onion'	vi**nh**o
qu	like 'qu' in 'quarter'; when followed by **e** or **i** the **u** is not pronounced – except in cin**qu**enta	**qu**ando **qu**er
r	like the rolled Scottish 'r' or like a guttural 'r' at the back of the throat at the beginning of a word or syllable; like the second 'r' in 'library' at the end of a word or syllable	**r**efeição fala**r**
rr	like the rolled Scottish 'r' or like a guttural 'r' at the back of the throat. Choose whichever comes easier.	ca**rr**o
s	like 's' in 'so' at the beginning of a word or after a consonant like 'z' in 'zoo' between two vowels like 'sh' in 'show' at the end of a word or before **c, f, p, q** and **t**	**s**emana ca**s**a e**s**crever
ss	like 's' in 'so'	po**ss**o
x	like 'sh' in 'show' at the beginning of a word, before a consonant and sometimes between two vowels like 's' in 'so' between two vowels	**x**aile cai**x**a pró**x**ima

	like 'z' in 'zoo' when **ex** comes before a vowel	**ex**ame
	like 'x' in 'taxi' in some words	tá**x**i
z	like 'z' in 'zoo' at the beginning of a word and between two vowels	fa**z**er
	like 'sh' in 'show' at the end of a word	fa**z**

Adjectives – describing words

Adjectives in Portuguese usually follow the noun to which they refer:

a casa **branca**	*the white house*
o vinho **tinto**	*red wine*

They agree in number (singular/plural) and in gender (masculine/feminine) with the word they accompany.

The following will help you to form the feminine of new adjectives when you come across them:

Adjectives ending in -**o** change to -**a**
o vinho branc**o**	*the white dress*
a casa branc**a**	*the white house*

Adjectives ending in -**e** remain unchanged
o vinho verd**e**	*vinho verde*
a maçã verd**e**	*the green apple*

Adjectives ending in a consonant usually remain unchanged
o vestido azu**l**	*the blue dress*
a casa azu**l**	*the blue house*

... but many adjectives of nationality, as well as some ending in -**or**, add -**a** to form the feminine
o médico inglê**s**	*the English doctor*
a Senhora ingles**a**	*the English lady*
o homem encantad**or**	*the charming man*
a mulher encantad**ora**	*the charming woman*

Adjectives ending in -**ão** drop the **o** in the feminine
o livro alem**ão**	*the German book*
a cerveja alem**ã**	*the German beer*

Adjectives ending in -**u** add -**a** to form the feminine
o arroz cr**u** *uncooked rice*
a carne cr**ua** *raw meat*

Adjectives ending in -**eu** change to -**eia**
o clima europ**eu** *the European climate*
a comunidade europ**eia** *the European community*

Plurals

This table shows you how to form the plural of most Portuguese words and adjectives

Ending	Singular	Plural
-a, -e, -i, -o, -u	a casa branca	as casas brancas
-r, -z	o ascensor	os ascensores
-s (last syllable stressed)	o país (country)	os países
-s (last syllable unstressed)	o lápis (pencil)	os lápis
-m	o pudim	os pudins
-al, -el, -ol, -ul	o animal	os animais
-il (last syllable stressed)	o barril (barrel)	os barris
-il (last syllable unstressed)	o fóssil	os fósseis
-ão, as one of the following	o irmão (brother)	os irmãos
	o galão	os galões
	a refeição	as refeições
	o cão (dog)	os cães

Prepositions

The most common Portuguese prepositions change when used with **o** and **a** (the)

		o	**a**	**os**	**as**
a	*to, at*	ao	à	aos	às
de	*of, from*	do	da	dos	das
em	*in, on*	no	na	nos	nas
por	*by, for*	pelo	pela	pelos	pelas

The prepositions **de** and **em** also change when used with **um** and **uma** (a/an)

		um	uma
de	of, from	dum	duma
em	in, on	num	numa

Examples

ao hotel	*to the hotel*
da casa	*from the house*
no Turismo	*in the tourist office*
pela segunda vez	*for the second time*
duma mulher	*of a woman*
num copo	*in a glass*

Days of the week

Domingo	*Sunday*	Quinta-feira	*Thursday*
Segunda-feira	*Monday*	Sexta-feira	*Friday*
Terça-feira	*Tuesday*	Sábado	*Saturday*
Quarta-feira	*Wednesday*		

Months of the year

Janeiro	*January*	Julho	*July*
Fevereiro	*February*	Agosto	*August*
Marco	*March*	Setembro	*September*
Abril	*April*	Outubro	*October*
Maio	*May*	Novembro	*November*
Junho	*June*	Dezembro	*December*

Seasons

a Primavera	*Spring*	o Outono	*Autumn*
o Verão	*Summer*	o Inverno	*Winter*

Points of the compass

norte	*North*	este	*East*
sul	*South*	oeste	*West*

Numbers

0 zero	20 vinte	100 cem
1 um/a	21 vinte e um/a	101 cento e um/a
2 dois/duas	22 vinte e dois/duas	200 duzentos/as
3 três	23 vinte e três	300 trezentos/as
4 quatro	24 vinte e quatro	400 quatrocentos/as
5 cinco	25 vinte e cinco	500 quinhentos/as
6 seis	26 vinte e seis	600 seiscentos/as
7 sete	27 vinte e sete	700 setecentos/as
8 oito	28 vinte e oito	800 oitocentos/as
9 nove	29 vinte e nove	900 novecentos/as
10 dez	30 trinta	1000 mil
11 onze	40 quarenta	
12 doze	50 cinquenta	
13 treze	60 sessenta	
14 catorze	70 setenta	
15 quinze	80 oitenta	
16 dezasseis	90 noventa	
17 dezassete		
18 dezoito		
19 dezanove		

1,001 mil e um/a
1,100 mil e cem
1,101 mil cento e um/a
1,200 mil e duzentos/as

2,000 dois/duas mil
100,000 cem mil
200,000 duzentos/as mil
1,000,000 um milhão (de)
2,000,000 dois milhões (de)

Geography

Countries and Nationalities

	Country	Nationality
Australia	Austrália	australiano/a
Brazil	Brasil	brasileiro/a
Canada	Canadá	canadiano/a
Eire	Irlanda	irlandês/esa

England	Inglaterra	inglês/esa
France	França	francês/esa
Germany	Alemanha	alemão/alemã
Great Britain	Grã-Bretanha	britânico/a
Italy	Itália	italiano/a
New Zealand	Nova Zelândia	neo-zelandês/esa
Northern Ireland	Irlanda do Norte	irlandês/esa do norte
Portugal	Portugal	português/esa
Scotland	Escócia	escocês/esa
Spain	Espanha	espanhol/a
USA	Estados Unidos	americano/a
Wales	(País de) Gales	galês/esa

Signs

These are some of the most common signs you'll see in Portugal

Alfândega	*Customs*
Atenção	*Attention*
Atravesse	*Cross*
Bilheteira	*Ticket office*
Chegadas	*Arrivals*
Empurre	*Push*
Entrada livre	*Free entry*
Entrada proibida	*No entry*
Estacionamento proibido	*No parking*
Frio	*Cold*
Homens	*Gentlemen*
Lavabos	*Toilets*
Linha	*Platform*
Mantenha-se à direita	*Keep right*
Metro/Metropolitano	*Underground*
Paragem	*Stop (for a bus, etc)*
Pare, escute, olhe	*Stop, look, listen*
Parque de estacionamento	*Parking*
Partidas	*Departures*
Peões	*Pedestrians*

Perdidos e achados	*Lost property*
Perigo	*Danger*
Polícia	*Police*
Posto de socorros	*First aid*
Prioridade à direita	*Give way to the right*
Proibido fumar	*No smoking*
Puxe	*Pull*
Quente	*Hot*
Recepção	*Reception*
Saída	*Exit*
Senhoras	*Ladies*
Sentido único	*One way*
Silêncio	*Silence*

Useful addresses

Portuguese National Tourist Office:

New Bond Street House, 1 New Bond Street,
London W1Y 0NP
(Tel: 01-493 3873)

Main Tourist Offices in Lisbon and Oporto

Avenida António Augusto Aguiar, 86, Lisboa
(Tel: 57 50 86)

Praça dos Restauradores (Palácio Foz), Lisboa
(Tel: 36 36 24)

Praça D. João I, Porto
(Tel: 37514)

Praça General Humberto Delgado, Porto
(Tel: 29871)

There are also smaller tourist offices in other districts of Lisbon and in most towns throughout the country.

Embassies and Consulates

United Kingdom
Rua São Domingos à Lapa, 37, Lisboa
(Tel: 66 11 91)

Avenida da Boa Vista 3072, Porto
(Tel: 68 47 89)

Rua de Santa Isabel 21, Portimão
(Tel: 23071)

Rua General Humberto Delgado 4, Vila Real de Santo António
(Tel: 29)

Eire
Rua São Bernardo 9, 1°-D, Lisboa
(Tel: 66 15 69)

TAP Air Portugal, 19 Regent Street, London SW1
(Tel: 01-839 1031)

Federação Portuguesa do Campismo, Rua Voz do Operário 1, Lisboa
(Tel: 86 23 50) (Portuguese Camping Association)

Youth hostels (Pousadas de Juventude)

Young tourists can stay in the few Portuguese youth hostels at low rates if they are members of a national or international youth hostel association.

Associação Portuguesa de Pousadas de Juventude, Rua Andrade Corvo 46, Lisboa
(Tel: 57 10 54) (Portuguese Youth Hostelling Association)

Key to exercises

Chapter 1

1.
   a Olá! Como está?
   b Boa noite.
   c Bom dia.
   d Adeus, até à próxima.
   e Boa tarde.
   f Adeus, até logo.
   g Bom dia.

2. Quatro cafés e um galão. E três chás com leite. E sete bolos.

4.
   a Bem, obrigado/a.
   b Sim, obrigado/a or Sim, se faz favor.
   c Não, obrigado/a.
   d (Pode repetir) mais devagar, se faz favor? Não, obrigado/a.
   e Adeus, até logo.

Chapter 2

1.
   a iv
   b ii
   c i
   d iii
   e v

2. Boa noite. Tem quartos vagos? Para duas pessoas. Com cama de casal, se faz favor. Para uma noite. 55. Obrigado/a.

3.
   a 59$00
   b 63$00
   c 95$00
   d 87$00
   e 41$00
   f 32$00

Chapter 3

1.
   a a estação de serviço
   b o hotel Estrela
   c o Turismo
   d o castelo

2. Um bilhete para Coimbra, se faz favor. Segunda. Ida e volta.

3.
   a Faz favor, onde há uma farmácia?
   b Faz favor, onde fica o castelo de São Jorge?
   c Faz favor, onde fica a estação de caminho de ferro?
   d Desculpe, onde há um banco?
   e Faz favor, onde há uma estação de serviço?
   f Faz favor, onde fica o Hotel Estrela?

4 a 300$00 (Football at the *Estádio da Luz*)
   b 12$50 (Lisbon tram ticket)
   c 95$00 (*Cinema Monumental* ticket)
   d 7$00 (*Rodoviária Nacional* bus ticket)
   e 20$00 (Ticket for Pena National Palace)

Chapter 4

1 a A que horas parte o comboio para o Porto?
     Às oito (horas).
   b Que horas são?
     São três menos um quarto (É um quarto para as três).
   c A que horas chega o comboio?
     Às seis menos vinte. (Às vinte para as seis)
   d A que horas fecha a farmácia?
     Às doze e meia. (Ao meio-dia e meia)
   e A que horas abre o restaurante?
     Às sete e um quarto (Às sete e quinze)
   f A que horas parte o comboio para Faro?
     Às vinte e três e cinquenta e cinco.

2 a Servem almoços e jantares?
   b Apresento-lhe a Senhora Dona Maria-José da Silva,
     o Senhor Richard Smith.
   c Muito prazer.
   d A conta, se faz favor.

3 a A lista, se faz favor.
   b Dois caldos verdes, uma omeleta simples e uma sopa
     de feijão.
   c Um bacalhau à brás, frango assado para dois e um fígado
     com arroz.
   d Uma garrafa de vinho branco e dois quartos de água
     mineral.
   e Dois mousses de chocolate e duas maçãs.
   f Quatro bicas.
   g A conta, se faz favor.

4 a A que horas parte o comboio para Aveiro, se faz favor?
   b A que horas chega?
   c De manhã.
   d De tarde.
   e À noite.
   f A que horas fecha o banco?
   g À meia-noite.

Chapter 5

1 Um pão
   Um pacote de manteiga
   Duzentos e cinquenta gramas de fiambre
   Dois quilos de pêssegos

Duas garrafas de vinho branco
Um litro de água mineral

Três bonecos
Três xailes
Castanho
Preto
Vermelho
Quatro galos
Cinco lenços brancos

2 Bom dia.
Cinco selos, se faz favor, para Inglaterra.
Para postais.
E um para uma carta.
130$00.
Obrigado/a.
Bom dia.

3 a Faz favor, onde há um talho?
b Faz favor, onde há uma ourivesaria?
c Faz favor, onde há um armazém?
d Faz favor, onde há um supermercado?
e Faz favor, onde há uma tabacaria?
f Faz favor, onde há uma agência de viagens?

4 Bom dia.
Posso trocar traveller's cheques?
Your address, here in Portugal.
Sign your traveller's cheques.
A tag with a number on it.
Go to the cash desk.
Pull it.

Test

1 a o restaurante
b o hotel
c a estação
d Correios
e o parque de campismo
f o banco

2 a One way
b Diversion
c Parking
d Give way
e Crossroads
f Slow
g Dangerous bend
h Give way to the right

3 a Duas bicas e um chá com leite.

    b Um prego e um quarto de água mineral com gás.
    c Um galão e um sumo de laranja.
    d Quatro bolos e dois cachorros quentes.

4 a Olá!
    b Que horas são?
    c Mais devagar, se faz favor.
    d Onde há uma farmácia?
    e Quanto é? (Quanto custa?)
    f Boa tarde.
    g Bem, obrigado/a.
    h Até logo.
    i O ascensor não funciona.
    j Tenho uma dor de cabeça.

5 a quinhentos escudos
    b sessenta e seis escudos
    c treze escudos
    d trinta e três escudos
    e seiscentos escudos
    f duzentos e quarenta e dois escudos

6 um litro de leite
dois quilos de maçãs
um quarto de água mineral
duas latas de salsichas
um pão
meio quilo de manteiga

7 a Meta vinte litros, se faz favor.
    b Encha o depósito, se faz favor.
    c Super
    d Normal

8 a Carry *straight on* until you reach the cathedral, then turn *left*.
    b Take the *third* turning on the *right*.
    c Turn *right*, then take the *first* turning on the *left*.
    d It's the *second* street on the *left*.

9 a Dois gelados de baunilha.
    b Sim, obrigado/a or Sim, se faz favor.
    c Muito prazer.
    d Não, obrigado/a.
    e Destes, se faz favor.
    f Pudim, se faz favor.
    g Sim, se faz favor.
    h Onde fica?

10 a um galão
    b selos
    c gasolina
    d hoje
    e chega

Word list

The English meanings apply to the words as they are used in Get by in Portuguese.
Bold type shows where the stress falls on each word.
Letters in brackets show the plural forms of certain nouns.

A

a *to, at the (fem)*
a**ber**to *open*
abre *(it) opens*
acam**par** *to camp*
a **cer**ca de *about*
a**con**selho *I'd advise, recommend*
o a**çú**car *sugar*
a**deus** *goodbye*
o aero**por**to *airport*
a**go**ra *now*
a **á**gua *water*
a **á**gua mine**ral** *mineral water*
a**í** *there*
a al**fân**dega *customs*
al**gum** (-**ns**), (*fem* al**gu**ma) *some, any*
a**li** *there*
o al**mo**ço *lunch*
alu**gar** *to hire*
aman**hã** *tomorrow*
ama**re**lo/a *yellow*
a a**mên**doa *almond*
ameri**ca**no/a *American*
o ana**nás** *pineapple*
o an**dar** *floor*
o **a**no *year*
antes *before*
ao, à *to the, at the*
o ape**li**do *surname*
apre**sen**to-lhe . . . ? *may I introduce . . . ?*
a**que**le *that, that one*
a**qui** *here*
a**qui**lo *that*
o arma**zém** *department store*
o ar**roz** *rice*
o ar**roz do**ce *rich, sweet rice*
o ascen**sor** *lift*
assi**nar** *to sign*
a assina**tu**ra *signature*
a**té** *until*
a**té** aman**hã** *see you tomorrow*
a**té** à **pró**xima *till the next time*
a**té lo**go *see you soon*
aten**ção**! *careful! watch out!*
o auto**car**ro *'bus*
a ave**ni**da *avenue*
o avi**ão** (-**ões**) *aircraft*
o a**zei**te *olive oil*
a**zul** *blue*

B

o bacal**hau** à **brás** *dried cod cooked with onion, potato and egg*
a ba**ga**gem *luggage*
o bal**cão** *counter*
a ba**na**na *banana*
o **ban**co *bank*
o bar *bar*
ba**ra**to/a *cheap*
o bar**ril** (-**is**) *barrel*
o ba**ru**lho *noise*
o ba**ti**do *milk shake*
be**ber** *to drink*
a be**bi**da *drink*
belo/a *beautiful*
bem *well, good*
a **bi**ca *small black coffee*
o **bi**fe *steak*
o bi**lhe**te *ticket*
boa noite *good evening, good night*
boa sorte *good luck*
boa tarde *good afternoon, good evening*

	boa viagem *bon voyage*		o	cent**a**vo *1/100th part of an escudo*
um	bo**ca**dinho *a little*		o	**cen**tro *centre*
o	**bo**lo *cake*		o	**cen**tro de turismo *tourist office*
	bom, **boa** *good*		a	**cer**ca de *about*
	bom **dia** *good morning*			**cer**to/a *right*
o	bo**ne**co *doll*		a	cer**ve**ja *beer*
	branco/a *white*		a	cer**ve**ja **pre**ta *brown ale*
o	Brasil *Brazil*		o	chá *tea*
	brasi**lei**ro/a *Brazilian*		o	chá com **lei**te *tea with milk*

C

a	ca**be**ça *head*		o	chá com uma ro**de**la de li**mão** *tea with lemon*
o	ca**chor**ro (quente) *hot dog*			cha**mar** *to call*
o	ca**fé** *coffee*		a	**cha**pa *numbered disc or tag*
o	ca**fé** com **lei**te *coffee with milk*		a	**cha**ve *key*
o	ca**fé** gelado *iced coffee*		a	**chá**vena *cup*
a	**cai**xa *cash desk*			**che**ga *(it) arrives*
o	**cal**do **ver**de *potato and cabbage soup*		o	chocolate *chocolate*
a	**ca**ma *bed*		o	chu**vei**ro *shower*
a	**ca**ma de ca**sal** *double bed*		a	cidade *town, city*
o	**câm**bio *bureau de change*		o	ci**gar**ro *cigarette*
a	camio**ne**ta *coach*		o	ci**ne**ma *cinema*
o	cam**pis**mo *camping*			**cla**ro *light (of colours etc)*
a	ca**ne**ca *pint of draught lager*		a	**clas**se *class*
a	ca**ne**ta *pen*		a	**coi**sa *thing*
o	cão (cães) *dog*		a	co**lher** *spoon*
a	cara**va**na *caravan*			com *with*
a	cara**ve**la *old sailing ship*		o	com**boi**o *train*
o	cari**o**ca *diluted black coffee*			com cer**te**za *certainly*
a	**car**ne *meat*			com gás/sem gás *fizzy/still (of drinks)*
	caro/a *expensive*			com licença *excuse me, let me pass*
o	**car**ro *car*			**co**mo...? *how...?*
o	carro**ca**ma *camping van*			**co**mo está? *how are you?*
a	**car**ta *letter*		a	**con**ta *the bill*
o	car**tão** de **cré**dito *credit card*		o	**con**to *1,000 escudos*
a	**ca**sa *house*		o	**co**po *glass*
a	**ca**sa de **ba**nho *bathroom (also used for toilet)*		a	cor *colour*
a	**ca**sa de **fa**do *'fado' house*		o	cor**rei**o *post, post office*
o	cas**te**lo *castle*			Cor**rei**os *post office*
a	cate**dral** *cathedral*			cor**tar** *to turn*
				cuidado! *take care! look out!*
				custa *(it) costs*

D

um da**quel**es/as *one of those*
a **da**ta de nasci**men**to *date of birth*
de *of, from*
de **na**da *don't mention it, that's all right*
o den**tis**ta *dentist*
dentro *inside*
de**pois** *then, afterwards*
o de**pó**sito *tank*
depre**ssa** *quickly*
des**cul**pe *excuse me, I'm sorry*
o que de**se**ja(m)? *what would you like?*
um **des**tes/as *one of these*
deva**gar** *slowly*
o **di**a *day*
di**fí**cil *difficult*
o di**nhei**ro *money*
a dire**cção** *direction*
à di**rei**ta *to (on) the right*
diz *(he, she, it) says*
di**zer** *to say*
do/da *of the, from the*
o **do**ce *sweet*
o **dó**lar *dollar*
a dor *pain*
a dor de ca**be**ça *headache*
a dor de es**tô**mago *stomachache*
dum/**du**ma *of a*
du**ran**te *during*

E

e *and*
é *(he, she, it) is (you) are*
em *in, on*
a e**men**ta *menu*
em **fren**te *straight on*
em**pu**rre *push*
en**cha** *fill*
en**tra**da *entrance, starter*
esco**lher** *to choose*
o es**cu**do $ *Portuguese unit of currency*
es**cu**ro *dark (of colours, etc)*
a especiali**da**de da **ca**sa *speciality of the restaurant*
à es**quer**da *to (on) the left*
es**tá** *(he, she, it) is (you) are*
es**tá** bem *that's fine, OK*
a esta**ção** (de ca**mi**nho de **fe**rro) *(railway) station*
a esta**ção** de ser**vi**ço *service/petrol station*
o estaciona**men**to *parking*
a esta**di**a *stay*
o es**tá**dio *stadium*
es**tar** *to be*
este/a *this, this one*
o es**tô**mago *stomach*
a es**tra**da (**au**to-es**tra**da) *road (motorway)*
exp. em *issued in*
ex**pre**sso *express*

F

a **fa**ca *knife*
fácil *easy*
fala . . . ? *do you speak . . . ?*
falo . . . *I speak . . .*
a far**má**cia *chemist's shop*
faz(em) fa**vor**? *can I help you?*
faz fa**vor**! *excuse me.*
faz fa**vor** *please*
fecha *(it) closes*
fe**cha**do *closed*
a **fei**ra *fair, market*
as **fé**rias *holidays*
o fi**am**bre *ham*
fica *it is*
a **fi**cha *registration form*
o **fí**gado *liver*
a fili**gra**na *filigree*
ao fim (de) *at the end (of)*
o **fo**go *fire*
fora *outside*

o **fra**ngo as**sa**do *roast chicken*
frio/a *cold*
a **fru**ta *fruit*
fu**ma**r *to smoke*
não fun**cio**na *it doesn't work*

G

o ga**lão** *milky coffee in a glass*
o **ga**lo *cock*
o **gar**fo *fork*
o ga**ro**to *small milky coffee*
a gar**ra**fa *bottle*
o garra**fão** *demijohn, large bottle*
a gaso**li**na *petrol*
o ge**la**do *ice cream*
Grã-Bretanha *Great Britain*
o **gra**ma *gram*
grande *large*
o **gui**a *guide*

H

há *there is, there are*
hoje *today*
o ho**rá**rio *timetable*
o **ho**mem (-ns) *man*
a **ho**ra *time*
a que **ho**ras? *at what time? When?*
às ... **ho**ras *at ... o'clock*
o hospi**tal** *hospital*
o ho**tel** (-**éis**) *hotel*

I

ida *single (of ticket)*
ida e **vol**ta *return (of ticket)*
a i**gre**ja *church*
a impe**rial** *glass of draught lager*
inclu**í**do *included*
a infor**ma**ção (-**ões**) *information*
Ingla**ter**ra *England*
in**glês**/**esa** *English*
isso *that*
isto *this*

J

o jan**tar** *dinner*
o jor**nal** (-**ais**) *newspaper*
jovem *young*

L

ao **la**do de *next to, beside*
o la**drão** *thief*
la**men**to *I'm sorry*
o **lá**pis *pencil*
a la**ran**ja *orange*
a laran**ja**da *orangeade*
a **la**ta *tin*
os le**gu**mes *vegetables*
a **lei**te *milk*
a lem**bran**ça *souvenir*
o **len**ço *handkerchief*
lento/a *slow*
o li**mão** *lemon*
a limo**na**da *lemonade*
Lis**bo**a *Lisbon*
a **lis**ta *menu*
o **li**tro *litre*
livre *free, vacant*
a **lo**ja *shop*
o lu**gar** (de nasci**men**to) *place (of birth)*
a luz *light*

M

a ma**çã** *apple*
a mãe *mother*
mais *more, plus*
mais nada? *anything else? nothing else?*
a **ma**la *suitcase*
a ma**nhã** *morning*
a man**tei**ga *butter*
o ma**ri**do *husband*
mas *but*
mau/má *bad*
o medica**men**to *medicine*
o **mé**dico *doctor*
... e **mei**a *half-past*
meio/a *half*
meia-**noi**te *midnight*

	meio-dia	*noon*
	melhor	*better*
o	mês	*month*
a	mesa	*table*
	mesmo/a	*same*
	meta	*put*
o	metro	*metre*
o	Metro	*Lisbon underground*
	meu/minha	*my*
o	minuto	*minute*
um	momento	*just a minute*
a	morada	*residence/address*
o	morango	*strawberry*
	muito/a	*very, much, a lot (of)*
	muito bem	*very good*
	muito prazer	*pleased to meet you*
a	mulher	*woman, wife*
o	museu	*museum*

N
nada *nothing*
não *no*
não é? *isn't it?*
não tem mais pequeno? *don't you have anything smaller?*
não tenho nada a declarar *I've nothing to declare*
nenhum/a *none*
no *on the (of dates)*
no/na *in the, on the*
a noite *night*
o nome *name*
nosso/nossa *our*
novo/a *new*
num/numa *in/on a*
o número (No.) *number*

O
o/a *the*
obrigado/a *thank you*
olá *hello*
olhar *to look at*

onde *where?*
onde fica? *where is it?*
onde há...? *where is there...?*
ontem *yesterday*
ou *or*
outro/a *other, another*
ouvir *to listen (to)*

P
o pacote *packet*
a página *page*
o pai *father*
o pão *bread, loaf*
para *for, to*
a paragem *'bus or tram stop*
para quando? *for when?*
parar *to stop*
o parque *park*
o parque de campismo *camp site*
parte *(it) leaves*
parto *I am leaving*
partir *to leave*
a partir de... até *from ... to*
o passaporte *passport*
a pastelaria *cake shop*
o peixe *fish*
pelo/a *by the, through the, of the, for the*
a pensão (-ões) *boarding house*
pequeno/a *small*
o pequeno almoço *breakfast*
não percebo *I don't understand*
perder *to lose*
perto (de) *near (to)*
pesado/a *heavy*
o pêssego *peach*
a pessoa *person*
a planta *street map*
a plataforma *platform*
pode...? *could you...?*
pode *(he, she, it, you) can*

    pode cortar à direita *you can take the turning to the right*
a **polícia** *police*
o **polícia** *policeman*
    por *by, per, through, because of, by means of*
    por favor *please*
    porque *because*
    porquê? *why?*
o **Porto** *Oporto*
    Portugal *Portugal*
    português/esa *Portuguese*
    posso . . . ? *may I . . . ? is it possible to . . . ?*
    posso trocar traveller's cheques? *can I change traveller's cheques?*
o **postal (-ais)** *postcard*
a **pousada** *state-run hotel, usually an historic building*
a **pousada de juventude** *youth hostel*
a **praça** *square*
a **praia** *beach*
o **prato** *plate*
o **prato do dia** *dish of the day*
o **prego** *steak sandwich*
    preto *black*
    primeira classe *first class*
o **programa** *programme*
    proibido *forbidden*
o **pudim (flã)** *creme caramel*
    puxe *pull*

Q

    qual é? *what is?*
    quando? *when?*
    quanto custa? *how much does it cost?*
    quanto é? *how much is it?*
    quantos/as? *how many?*
    quanto tempo? *how long?*
o **quarto** *room, quarter (of a litre)*
    . . . e um quarto *a quarter past*
    . . . menos um quarto *a quarter to*
    que *that, which, what, who*
o **queijo** *cheese*
    quem? *who?*
    quente *hot*
    quer(em) . . . ? *would you like . . . ?*
    quer(em) mais alguma queira . . . ? coisa? *will you . . . ? do you want anything else?*
    quero *I want, I should like*
o **quilo** *kilo*
o **quilómetro** *kilometre*

R

    rápido/a *quick*
o **rápido directo** *through express train*
    receber *to receive*
a **refeição (-ões)** *meal*
    repetir *to repeat*
    reservado *reserved*
    reservar *to reserve*
o **restaurante** *restaurant*
a **rua** *street*

S

    saída *exit*
o **sal** *salt*
a **salada** *salad*
o **salão de chá** *tea shop*
a **sandes** *sandwich*
a **sanduíche** *sandwich*
a **salsicha** *sausage*
    são *they are, you are*
a **sardinha** *sardine*
    se *if*
    se *one*
    se faz favor *please*
    segue *you carry on/follow*

	seguir	*to carry on/follow*		**tenho** *I have*
	segunda classe	*second class*		**tinto/a** *red (wine)*
				típico/a *typical*
o	**selo**	*stamp*		**todo/a** *all, the whole of*
	sem	*without*		**tomar** *to take*

o **selo** *stamp*
sem *without*
a **semana** *week*
senhor *man, Mr, Sir*
senhora *woman, Mrs, madam*
servem . . . ? *do you serve . . . ?*
serviço incluído *service included*
servir *to serve*
seu/sua *your, his, her its, their*
siga *carry on/follow*
sim *yes*
simples *simple, on its own*
o **sinal** *sign*
só *alone*
sobre *on, about*
a **sobremesa** *dessert*
socorro! *help!*
a **sopa** *soup*
a **sopa de feijão** *bean soup*
o **sumo de ananás** *pineapple juice*
o **sumo de fruta** *fruit juice*
o **sumo de laranja** *orange juice*
o **sumo de tomate** *tomato juice*

T
a **tabacaria** *tobacconist's shop*
também *also*
tarde *late*
a **tarde** *afternoon, evening*
o **táxi** *taxi*
o **teatro** *theatre*
telefonar *to make a telephone call*
o **telefone** *telephone*
tem? *do you have?*
temos *we have*
a **tenda** *tent*

tenho *I have*
tinto/a *red (wine)*
típico/a *typical*
todo/a *all, the whole of*
tomar *to take*
tome *take*
o **tomate** *tomato*
a **torrada** *toast*
a **tosta mista** *toasted ham and cheese sandwich*
o **tostão (-ões)** *5 centavos*
cinco tostões *50 centavo coin*
triste *sad*
trocar *to change (money, etc)*
o **troco** *small change*
tudo *all, everything*
é tudo *that's all*
o **Turismo** *tourist information office*
o **turista** *tourist*

U
um, uma *a, an*
urgente *urgent*

V
vago/a *free, vacant*
vamos ver *let's see*
vá-se embora *go away*
vazio/a *empty*
vende . . . ? *do you sell . . . ?*
verde *green*
vermelho *red*
a **viagem** *journey*
o **viajante** *traveller*
viajar *to travel*
o **vinho** *wine*
o **vinho verde** *light, sparkling Portuguese wine*
vire *turn*

X
o **xaile, xale** *shawl*
a **xícara** *cup*

Emergency!

You can hear how to pronounce most of these words and phrases at the end of cassette 2 side 2.

Call a doctor!	**Chame um médico!**
Careful!	**Atenção!**
Do you speak English?	**Fala inglês?**
Fire!	**Fogo!**
Gentlemen	**Homens**
Go away!	**Vá-se embora!**
Help!	**Socorro!**
I don't understand	**Não percebo.**
I'm English	**Sou inglês/Sou inglesa.**
I'm lost	**Perdi-me.**
I've lost my ...	**Perdi o meu ... /Perdi a minha ...**
Ladies	**Senhoras**
Listen!	**Ouça!**
Look out!	**Cuidado!**
Police	**Polícia**
Quickly!	**Depressa!**
Smoking forbidden!	**Proibido fumar!**
Stop!	**Pare!**
Thief!	**Ladrão!**
Vacant	**Livre**

The following **Lisbon** telephone numbers may be of help if things go wrong:

Police 36 41 41,
37 21 31, 115
Fire 32 22 22
Red Cross Ambulance
66 53 42
British Hospital
60 20 20

If you lose your passport go at once to your nearest consulate (see page 67 for addresses).

80 oitenta

ITINERARY	
DATE	PLACE

ITINERARY	
DATE	PLACE

ITINERARY	
DATE	PLACE

EXPENSES			
DATE	AMT.	U.S.$	FOR:

EXPENSES			
DATE	AMT.	U.S.$	FOR:

EXPENSES			
DATE	AMT.	U.S.$	FOR:

EXPENSES			
DATE	AMT.	U.S.$	FOR:

PURCHASES

ITEM _____

WHERE BOUGHT _____

GIFT FOR _____ COST _____ U.S.$ _____

ITEM _____

WHERE BOUGHT _____

GIFT FOR _____ COST _____ U.S.$ _____

ITEM _____

WHERE BOUGHT _____

GIFT FOR _____ COST _____ U.S.$ _____

ITEM _____

WHERE BOUGHT _____

GIFT FOR _____ COST _____ U.S.$ _____

ITEM _____

WHERE BOUGHT _____

GIFT FOR _____ COST _____ U.S.$ _____

PURCHASES

ITEM _____

WHERE BOUGHT _____

GIFT FOR _____ COST _____ U.S. $ _____

ITEM _____

WHERE BOUGHT _____

GIFT FOR _____ COST _____ U.S. $ _____

ITEM _____

WHERE BOUGHT _____

GIFT FOR _____ COST _____ U.S. $ _____

ITEM _____

WHERE BOUGHT _____

GIFT FOR _____ COST _____ U.S. $ _____

ITEM _____

WHERE BOUGHT _____

GIFT FOR _____ COST _____ U.S. $ _____

PURCHASES

ITEM _____

WHERE BOUGHT _____

GIFT FOR _____ COST _____ U.S.$ _____

ITEM _____

WHERE BOUGHT _____

GIFT FOR _____ COST _____ U.S.$ _____

ITEM _____

WHERE BOUGHT _____

GIFT FOR _____ COST _____ U.S.$ _____

ITEM _____

WHERE BOUGHT _____

GIFT FOR _____ COST _____ U.S.$ _____

ITEM _____

WHERE BOUGHT _____

GIFT FOR _____ COST _____ U.S.$ _____

ADDRESSES

NAME _____

ADDRESS _____

_____ PHONE _____

NAME _____

ADDRESS _____

_____ PHONE _____

NAME _____

ADDRESS _____

_____ PHONE _____

NAME _____

ADDRESS _____

_____ PHONE _____

NAME _____

ADDRESS _____

_____ PHONE _____

ADDRESSES

NAME _____

ADDRESS _____

_____ PHONE _____

NAME _____

ADDRESS _____

_____ PHONE _____

NAME _____

ADDRESS _____

_____ PHONE _____

NAME _____

ADDRESS _____

_____ PHONE _____

NAME _____

ADDRESS _____

_____ PHONE _____

TRAVEL DIARY

DATE_____

DATE_____

DATE_____

DATE_____

DATE_____

DATE_____

DATE_____

TRAVEL DIARY

DATE_____

DATE_____

DATE_____

DATE_____

DATE_____

DATE_____

DATE_____